DISCUSSION

DU PROJET

DE CODE CIVIL.

Épreuve.

N.º 19.

SÉANCE du 14 Pluviôse, an 11 de la République.

LE PREMIER CONSUL préside la séance.

Le second et le troisième Consul sont présens.

On reprend la discussion de l'art. IV du titre *des Donations entre-vifs et des Testamens.*

Le C. BIGOT-PRÉAMENEU dit que la proposition d'accorder la liberté de substituer la portion disponible au profit des petits-enfans en ligne directe et au profit des enfans des frères ou sœurs en collatérale, ayant été faite à la dernière séance, la section de législation a examiné si, même en réduisant ainsi, et pour ces cas seulement, ces substitutions à un seul degré, il convient de les rétablir.

Pour que son opinion soit bien entendue, il est, sur cette matière, quelques notions générales qu'il faut se rappeler.

La substitution est définie par les jurisconsultes romains, *Secundi vel deinceps hæredis institutio.*

Cette définition s'applique à deux espèces de substitutions très-différentes :

L'une est la disposition par laquelle le testateur, craignant que l'héritier par lui institué ne puisse ou ne veuille l'être, en nomme un autre qui, à son défaut, soit son héritier.

Cette espèce de substitution fut nommée *vulgaire* dans

N.º 19.   A le droit romain, parce que l'usage en fut très-fréquent. Chaque testateur avait l'attention de prévoir qu'il pouvait arriver que l'héritier premier institué ne succédât point, soit par son prédécès, soit qu'il renonçât à l'hérédité, soit qu'il fût incapable de succéder ou qu'il en fût indigne.

L'autre espèce de substitution est celle qui fait passer les biens d'un successeur à un autre, de manière que le premier institué ne possède qu'à la charge de rendre à celui ou à ceux qui sont nommés après lui.

C'est ce qu'on appela *fidéicommis*, parce qu'on employa d'abord une formule de prière adressée à celui que l'on chargeait de rendre et sur la bonne foi duquel le testateur se reposait : mais ensuite la restitution fut rendue obligatoire ; et au lieu de simples fidéicommis, les testateurs firent ouvertement les substitutions d'un héritier à un autre.

On nomma ces substitutions *graduelles*, parce qu'elles font passer les biens aux substitués l'un après l'autre, suivant l'ordre, c'est à-dire, dans le langage de la loi, suivant le *degré* dans lequel ils sont appelés.

Le droit de substituer plusieurs successeurs les uns aux autres ne fut point borné aux hérédités, mais on l'appliqua aux simples legs et aux dispositions entre-vifs.

L'usage en fut aussi très-fréquent. Les testateurs y trouvaient l'exercice le plus indéfini de leur droit de disposer ; ils y voyaient un moyen de conserver leurs biens dans leurs familles ; ils mettaient ainsi leurs descendans ou leurs autres parens à l'abri de la mauvaise conduite de ceux que la nature appelait à posséder leurs biens.

L'orateur ne dira qu'un mot d'une autre espèce de substitution connue dans les pays de droit écrit sous le nom de *substitution pupillaire*. C'est lorsqu'un père ayant sous sa puissance un enfant impubère, ordonne que si cet enfant n'est pas son héritier, ou si, dans le cas où il serait héritier, il meurt avant l'âge de puberté, le substitué succède à sa place.

Cette substitution a le double effet de la substitution vulgaire, qui appelle le substitué si l'enfant n'est pas héritier, et de la substitution graduelle, qui fait passer les biens de la personne du fils à celle du substitué.

Avec ces notions préliminaires, il est facile de reconnaître les différences qui existent entre ces deux espèces de substitutions, et les conséquences qui en résultent dans l'ordre des successions, dans l'organisation des familles, dans l'économie politique.

Dans la substitution vulgaire, qui ne fait qu'appeler l'un à défaut de l'autre, la propriété ne passe que sur la tête de l'un ou de l'autre ; c'est une simple précaution pour qu'il se trouve un individu au profit duquel la disposition ait son exécution. Si le premier appelé est saisi du bien, la substitution est caduque ; c'est donc une simple disposition qui transmet une propriété pleine, sans déroger dans la famille à l'ordre futur des successions. Il n'en a jamais résulté de difficulté, et on propose au conseil de maintenir cette faculté.

Mais lorsque ce n'est pas simplement à défaut d'une personne que l'autre est appelée ; lorsque, par la volonté de l'homme, les biens sont transmis d'une personne à l'autre, et successivement de degré en degré, il en résulte des conséquences qui méritent une profonde discussion.

D'une part, il est certain que ce n'est plus un simple acte de transport de propriété ; c'est un ordre établi entre les personnes que le donateur appelle pour se succéder les unes aux autres ; c'est constituer pour les générations futures l'état et l'organisation de la famille ; c'est faire un acte de législation plutôt qu'exercer un droit privé ; c'était, dans sa plus grande latitude, l'exercice de ce pouvoir indéfini que le chef de famille avait chez les Romains, non-seulement sur ses biens personnels, mais encore sur la famille entière, pouvoir qui était une des bases du système du gouvernement, et que ne comporte pas notre législation.

Les substitutions étaient sans doute un moyen de conserver les biens dans les familles.

Mais ce moyen est-il bon ! est-il conforme à l'intérêt des familles !

Toute substitution emporte avec elle l'idée de l'exclusion de la généralité des membres de la famille : c'est une branche que l'on préfère à l'autre ; c'est un seul qui dans chaque branche écarte tous ces proches.

Il n'est pas possible de concevoir que la famille entière doive être déshéritée pour enrichir l'un de ses membres, et que ce ne soit pas pour elle une cause de ruine et de dissension plutôt qu'un moyen de prospérité. Lorsque les substitutions n'étaient pas dans une famille puissante, les parens dépouillés ne pouvaient avoir dans leur misère aucune ressource.

(4)

Si la famille était puissante, les parens dépouillés auraient sans doute préféré une existence assurée dans la propriété d'une partie des biens, plutôt qu'une protection précaire et humiliante.

Mais cette ressource qui existait dans un temps où les familles puissantes avaient pour tous les emplois lucratifs un privilége exclusif, n'existe plus sous un régime où ce privilége, qui lui-même était une espèce de substitution, n'existe plus.

S'il était question d'établir un système pour conserver les biens dans les familles, celui des propres serait encore préférable, en ce qu'il empêchait seulement les dispositions qui dépouillaient la famille sans priver tous les membres de la participation aux biens ainsi conservés.

La propriété foncière est sans doute à considérer comme une garantie dans la distribution des emplois : mais il existera un plus grand nombre d'individus avec une fortune donnant une garantie suffisante, quand les patrimoines seront répartis, que quand ils seront dans la main d'un seul dans chaque famille.

Si on écarte les idées de puissance et d'élévation dans l'ordre politique, on ne trouvera plus dans les substitutions, de motif pour croire que la volonté du père de famille soit préférable à l'ordre établi par la loi ; cet ordre est entièrement fondé sur la proximité du degré, sur la présomption de l'affection qui existait entre celui qui meurt et ceux qui lui succèdent.

On ne saurait passer sous silence les troubles dont les familles étaient agitées. Les formes judiciaires et les procès se multipliaient à l'infini sur la conservation des biens substitués, sur l'interprétation des actes de substitution, sur les droits des tiers, et notamment sur ceux des femmes des grevés, sur le calcul des degrés, et sur tous ces autres objets qui ont fait en France la matière d'une loi dans laquelle la multiplicité des précautions n'a servi qu'à manifester leur impuissance.

Telles sont les considérations qui, relativement à l'ordre de succéder et à l'organisation des familles, s'élevaient contre les substitutions, et qui les firent supprimer par la loi du mois d'octobre 1792.

Si on les examine sous les rapports de l'économie politique, on y a toujours trouvé les plus grands inconvéniens.

Les biens-fonds sont mal administrés ; on ne se livre aux frais de défrichement et de tous les genres d'amélioration, qu'autant qu'on y est provoqué par l'intérêt, on pourrait dire par le sentiment d'une pleine propriété.

Les grevés de substitution ne sont que de simples usufruitiers : ils ont un intérêt contraire à celui d'amélioration, puisque c'est en dégradant qu'ils peuvent se procurer des ressources dans leur dissipation ou dans leurs revers.

Et il faut convenir que cet inconvénient était extrême, lorsque le nombre des degrés dans les substitutions était indéterminé.

Aucune loi du Digeste ou du Code n'avait mis de bornes à la faculté de multiplier les degrés des fidéicommis.

Des plaintes élevées à cet égard par une famille, donnèrent lieu au chapitre CLIX de la novelle de *Justinien*, qui décida qu'on ne devait pas laisser au fidéicommis le cours de plus de quatre générations.

C'était un cas particulier, qui ne fut point regardé comme une dérogation suffisante au droit commun des fidéicommis perpétuels : ils ont continué d'avoir lieu en Allemagne, en Espagne, en Italie.

En France, ce fut un sujet de controverse ; mais non - seulement la perpétuité des fidéicommis y fut abolie par l'ordonnance d'Orléans de 1560, mais encore elle y fut réduite, art. LIX, à deux degrés, sans y comprendre l'institution ou première disposition.

L'expérience a prouvé, depuis deux siècles, que les substitutions, pour être ainsi réduites quant au nombre de degrés, ne s'en perpétuaient pas moins par le renouvellement, et qu'elles avaient les mêmes inconvéniens dans les familles et pour l'agriculture.

Les substitutions, quoique bornées à la portion disponible et à un seul degré au profit des petits-enfans et des neveux, ne seront-elles pas encore sujettes à une partie des inconvéniens qui ont déterminé leur entière abolition ? et ce moyen est-il nécessaire pour atteindre le but que l'on se propose ?

On desire principalement que celui qui a un enfant ou un frère dont la conduite ou le genre d'affaires inspire de l'inquiétude sur la conservation de leur patrimoine, puisse assurer au moins une partie de leur fortune, en la substituant aux petits-enfans ou aux neveux.

C'est ici que l'on doit se rappeler qu'il n'y a point de substitution fidéicommissaire, quand l'usufruit est donné à l'un et la nue propriété à l'autre. Cette disposition est permise, quoiqu'elle s'étende à deux personnes, à celle qui n'a que l'usufruit, et à celle qui doit, après l'extinction de cet usufruit, jouir de la nue propriété.

Il n'est donc pas besoin de rétablir aucune substitution fidéicommissaire, pour que le père puisse assurer à ses petits-enfans la propriété de la portion disponible ; il lui est libre de ne donner à son enfant que l'usufruit.

Il est vrai que la nue propriété ne pourrait pas être donnée ou léguée à des enfans qui ne seraient pas encore conçus : c'est donc uniquement en considération de ceux dont l'existence même est incertaine, que l'on entraverait la propriété des enfans ou des neveux et que l'on s'engagerait dans toutes les difficultés des substitutions : elles renaîtront sur l'interprétation des actes de substitution, sur les droits des tiers, sur la conservation des biens.

La substitution d'un seul degré pouvant se renouveler à chaque génération, elle aura les mêmes inconvéniens que les substitutions de plusieurs degrés.

La section de législation est, par ces motifs, d'avis qu'il vaut mieux ne pas admettre les substitutions, même dans les bornes où on propose de les restreindre.

Le C. BRUIX dit que la substitution qu'on propose de rétablir n'est pas ce fidéicommis dont a parlé le C. *Bigot-Préameneu*, qui dépouillait toutes les branches en faveur d'une seule, et tous les individus de la branche préférée en faveur d'un seul individu : celle-ci n'exclut pas tous les petits-enfans pour un seul ; elle leur profite à tous également, et ses effets se bornent à ôter à leur père la facilité de les ruiner.

Au surplus, l'amour qu'on porte naturellement à ses enfans, et le desir de perpétuer son nom, seront les motifs les plus ordinaires de ces sortes de substitutions : dès-lors elles seront d'un usage plus fréquent en ligne directe qu'en ligne collatérale.

Le C. BOULAY dit que, sans vouloir revenir sur ce qui a été décidé, il est effrayé cependant que la légitime étant fixée par le projet aux trois quarts des biens, et ne pouvant être substituée, l'aïeul qui par de longs travaux s'est formé un patrimoine, et qui voudrait le conserver à ses petits-enfans, sera forcé de le livrer presque en entier à un fils déprédateur.

A l'égard de la substitution en ligne collatérale, il

est, pour la repousser, des motifs peut-être plus puissans que ceux présentés par la section.

On ne peut se dissimuler, en effet, que les substitutions ont été imaginées pour conserver aux grandes familles leur éclat. C'est sous ce rapport que *Montesquieu* dit qu'elles conviennent aux monarchies. Si ces familles étaient sincèrement attachées au Gouvernement, il serait sans doute utile de leur donner ce moyen de se conserver; elles seraient l'appui de l'État. Mais comme il n'est pas possible de se faire illusion à cet égard, et que les anciennes familles sont encore les grands propriétaires de la France, il semble qu'on ne doit admettre d'autre substitution que celle qui devient pour le père un moyen de conserver sa famille et de déposer son patrimoine dans la main de ses petits-enfans, lorsqu'il a de justes motifs de craindre qu'il ne soit dissipé par son fils. Cette substitution n'a rien de commun avec les anciennes substitutions. La rejeter ce serait décourager l'industrie, et éteindre le desir si naturel et si juste de former un patrimoine à sa famille.

Le C. BERLIER dit que *Montesquieu*, cité par le C. *Boulay*, en observant que les substitutions ne sont bonnes que pour les monarchies, pense même que leur emploi ne devrait être accordé qu'aux *nobles*; ce qui établit, 1.º que ce publiciste n'était point satisfait du système établi de son temps, et qui accordait le droit de faire des substitutions, sans distinction d'individus; 2.º que s'il pouvait revenir parmi nous, il rejetterait tout système de substitution, comme inconciliable avec notre régime actuel, et ne présentant plus que les inconvéniens qui résultent de propriétés *sans maîtres* et de la *gêne du commerce*, inconvéniens que ce publiciste indique, et qui ont été bien développés à la dernière séance.

En adoptant ce dernier parti, tout serait décidé; mais ce serait revenir sur la délibération prise, et qui déjà, pour la ligne directe, a rétabli la faculté de substituer au premier degré.

Arrêté par cette difficulté, et néanmoins prêt à revenir, l'opinant propose d'examiner au moins si la disposition qui a passé ne pourrait pas être améliorée par une explication : le C. *Bruix*, en défendant le système qui a prévalu, l'a présenté comme un moyen de prévoyance dépouillé des vues d'orgueil que pouvaient avoir les substitutions de l'ancien régime. Le C. *Berlier* pense qu'on a dû, ou du moins qu'on doit aujourd'hui l'entendre de cette manière ; et qu'ainsi, si, en ligne directe, la substitution de la portion disponible est maintenue au premier degré à l'égard des enfans *à naître*, le bénéfice doit en être collectivement recueilli par tous les enfans *à naître*, sans que le substituant puisse préférer un aîné à un cadet, ou un garçon à une fille. Le C. *Berlier* propose que la disposition soit ainsi expliquée ou amendée, et soumet au Conseil cette proposition, comme première question à résoudre.

La deuxième question est celle de savoir si la faculté de substituer sera étendue à la ligne collatérale ; l'opinant pense, à ce sujet, qu'il n'y a pas à conclure d'un cas à l'autre. La disposition officieuse primitivement proposée grevait sans doute plus que la substitution restreinte à la portion disponible, mais ses effets du moins se renfermaient dans la ligne directe ; ce premier parti serait moins mauvais que le second, si l'on voulait induire de celui-ci l'extension que quelques membres desirent. Et qu'y a-t-il d'analogue entre des petits - enfans et des neveux, ou peut - être encore des collatéraux plus éloignés ! On concevra que la grande faveur due aux premiers, a pu déterminer le législateur à adopter pour eux un parti hérissé d'inconvéniens ; mais cela ne se concevra pas de même pour les seconds : l'on peut donc et l'on doit même, sans s'exposer au reproche d'inconséquence, s'arrêter à une limite tracée par la nature elle-même.

Le C. REGNAUD (de Saint-Jean-d'Angely) dit qu'il importe d'abord de se bien convaincre qu'il ne s'agit pas de rétablir les anciennes substitutions, ni même rien qui en approche. Ainsi, on ne peut admettre l'appel d'un mâle, ou d'un premier né, au préjudice des autres enfans. Le degré entier doit être appelé.

Le CONSUL CAMBACÉRÉS dit que cette opinion n'est pas celle que le Conseil a adoptée.

Il a été décidé que l'aïeul ne pourrait grever de substitutions au profit des petits-enfans que ses biens disponibles, et que la légitime du fils demeurerait libre : or l'aïeul peut donner à celui de ses enfans qu'il lui plaira de préférer, les biens dont il a indéfiniment la disposition ; il pourrait même les donner à un étranger à l'exclusion de tous ses enfans ; à plus forte raison lui est-il permis de les laisser à un seul de ses petits-enfans, sans y donner part aux autres.

Ce serait énerver la disposition que de l'expliquer au-
trement. En effet, si l'aïeul ne pouvait choisir parmi ses
petits-enfans, il serait, par une conséquence nécessaire,
obligé d'appeler ceux de toutes les branches; et alors la
substitution ne serait plus dans sa main un moyen de
donner des alimens sur ses biens disponibles, aux enfans
de celui de ses fils qu'il reconnaît pour dissipateur.

Le C. BERLIER répond qu'il doute encore que la
question ait été même implicitement décidée à la dernière séance; il ne se rappelle point qu'elle y ait été
directement agitée. Au reste, s'il fallait l'entendre comme
le Consul *Cambacérés*, l'opinant ne serait que mieux con-
firmé encore dans l'idée que la substitution rétablie est
une très-mauvaise chose, dès qu'elle resterait pleinement
entachée de tous les vices de celle de l'ancien régime,
et perdrait cette moralité qui doit être son principal
soutien.

Il examine ensuite l'argument tiré de la pleine dispo-
nibilité, et trouve qu'il n'est pas juste de conclure de ce
qu'on peut faire pour tel enfant *né*, qu'on peut aussi le
faire pour tel enfant *à naître*.

Celui-là existe; il a pu se concilier l'affection de son
aïeul; il a pu devenir un objet de préférence; et, sans
examiner si cette préférence sera toujours en harmonie
avec la justice, il se présentera du moins un individu
capable de recevoir la portion disponible, à titre même
d'institution : mais il n'en est pas de même des enfans à
naître.

En les considérant dans le futur contingent et dans
les espaces imaginaires, peut-on faire un choix entre eux!
Mais la loi, et la raison, qui est la première de toutes,
veulent qu'on soit au moins conçu pour être capable de
recevoir ; et si la loi veut bien pourvoir aux intérêts
d'enfans qui n'existent pas encore, la justice veut que
ce soit également pour tous. Vainement invoque-t-on la
volonté de l'homme : qu'est-ce ici que cette volonté de
préférence pour des individus qui n'existent pas! Si l'orgueil et les petites vues de l'ancien régime en sont la base,
notre nouvel ordre de choses les repousse; et si ce n'est
qu'une disposition purement capricieuse, elle ne doit
point être permise.

Dans tous les cas, le C. *Berlier* insiste pour l'amen-
dement.

Le CONSUL CAMBACÉRÉS dit que le père étant

autorisé à donner ses biens disponibles à qui il lui plaît, il ne serait pas nécessaire que la loi lui permît de les donner à celui de ses petits-enfans qu'il voudrait choisir, s'il ne s'agissait que d'enfans nés : c'est donc aux enfans à naître que s'applique la disposition adoptée dans la dernière séance.

Le C. REGNAUD (de Saint-Jean-d'Angely) examine si la substitution admise en ligne directe, doit être étendue à la ligne collatérale.

Il pense qu'il serait difficile de ne pas la permettre dans les degrés auxquels on a accordé la représentation : les motifs d'affection par lesquels on s'est déterminé, sont les mêmes dans les deux lignes.

Les objections qu'on a faites n'ont de force qu'à l'égard des substitutions graduelles, et qui s'étendent à plusieurs degrés.

La nomination d'un curateur, la vente des meubles, l'emploi des fonds, ont lieu dans toute succession où l'un des héritiers est mineur.

La disposition officieuse aurait, comme les substitutions, pu donner un crédit imaginaire au grevé ; comme la substitution, elle frappait les immeubles d'inaliénabilité pendant la vie d'un individu.

Ces considérations cependant n'avaient pas empêché de l'admettre.

A l'égard de l'inaliénabilité, elle pouvait être funeste, lorsqu'une substitution graduelle et perpétuellement renouvelée la rendait indéfinie ; lorsque beaucoup d'immeubles en étaient déjà affectés par d'autres causes, et qu'il restait peu de biens dans le commerce ; lorsqu'il y avait une grande masse de biens de main-morte, de biens ecclésiastiques, de biens du domaine et d'apanage.

Toutes ces propriétés étant rendues à la circulaion, l'aliénabilité de quelques biens pendant la vie d'un individu, n'influera pas sur le commerce.

Le C. BERLIER observe qu'en concluant toujours de la ligne directe à la ligne collatérale, on s'attache peu à répondre à la différence qui existe entre ces deux cas, et qui, pourtant, mériterait d'être appréciée, puisqu'elle ne peut manquer d'être sentie ; qu'au surplus, si le C. *Regnaud*, en admettant le principe de la substitution en collatérale, propose d'en régler l'application aux frères et à leurs descendans, comme en matière de représentation, ce mode d'application est lui-même une seconde question,

(11)

qu'on pourra examiner si la première passe à l'affirmative ;
qu'alors il sera facile d'établir que la proposition du
C. *Regnaud* est trop étendue, lorsqu'elle embrasse tous
les descendans de frères, et va ainsi plus loin dans cette
ligne que ce qui est proposé pour la ligne directe même :
mais cette discussion serait peut-être prématurée en ce
moment ; et le C. *Berlier* pense qu'il conviendrait de se
fixer d'abord sur la question d'égalité entre les enfans *à
naître*, dans le cas déjà admis de la substitution en ligne
directe au premier degré.

Le C. PORTALIS dit que la question se réduit à
savoir si l'on étendra à la ligne collatérale, la substitution
qu'on a admise dans la ligne directe.

Il n'y a pas ici de véritable substitution, puisqu'il n'y
a pas institution parfaite d'héritier dans chaque degré,
que le caractère propre de la substitution est de faire
autant d'héritiers que d'appelés, et que dans le système
adopté pour la ligne directe, il n'y a qu'une institution
unique.

Tout se borne donc à examiner si l'on pourra instituer
les enfans à naître de son frère ; car l'institution des enfans
nés ne peut rencontrer de difficulté. Ce serait, non une
substitution, mais une institution de personnes incer-
taines. La loi peut, sans doute, l'autoriser en modifiant
le principe général qu'elle a créé, et déjà l'exception
a été admise pour la ligne directe : quels motifs pourraient déterminer à la refuser en collatérale ?

On a invoqué, pour la combattre, l'autorité de *Montesquieu*. Mais il ne s'agit pas de rétablir les substitutions
nobiliaires et monarchiques dont il parle, et qui don-
naient les mêmes priviléges que les majorats en Espagne.
Ce serait en effet contrarier l'esprit de la Constitution.

Il n'y a plus de priviléges, au contraire, dans les
substitutions qui sont également permises à tous les propriétaires : celles-là n'ont rien de monarchique : elles
existaient dans la République romaine. La conservation
des biens dans les familles, quand d'ailleurs l'égalité est
respectée, et qu'il n'y a ni droit d'aînesse, ni différence
entre les partages à raison de la naissance, est même
très-utile dans les républiques. Il importe seulement de
ne pas porter trop loin l'esprit de conservation ; or il est
renfermé dans de justes limites, quand il se borne à
soustraire des biens à un dissipateur pour les transmettre
au degré suivant.

Le C. **Thibaudeau** dit que la question est moins importante qu'elle ne le paraît au premier coup-d'œil. Dès qu'elle ne tombe que sur les petits-enfans à naître, elle a pour objet un cas rare, car presque toujours un père voit sa seconde génération. Or pourquoi la loi dérogerait-elle à la règle générale, pour un cas qui n'existera que rarement, et auquel on avait pourvu par la disposition officieuse, et pour l'avantage d'enfans qui, n'existant point, ne peuvent inspirer d'intérêt !

Si on persiste à maintenir dans la ligne directe le pouvoir de substituer, il n'y a pas de motif pour le refuser en collatérale. Mais la disposition officieuse est préférable : elle ne peut être l'effet du caprice, puisqu'elle doit être motivée ; un père égaré par la passion ne peut en abuser, puisque le recours aux tribunaux est ouvert.

Le **Consul Cambacérés** dit que la disposition officieuse ayant été remplacée dans la dernière séance par la substitution en ligne directe, la discussion doit se borner aujourd'hui à la question de savoir si la faculté de substituer sera étendue à la ligne collatérale.

Il y a, ajoute-t-il, parité de motifs. Ce n'est point la vanité du père qu'on a voulu servir, puisque la portion disponible qu'il lui est permis de substituer, est tellement modique, qu'elle ne donnera à ses petits-fils que de simples alimens. Ainsi les motifs qui ont fait admettre la substitution en ligne directe, sont, d'un côté, la prévoyance que le fils pourrait être un prodigue ; de l'autre, le desir de fournir pour ce cas au père un moyen de céder à l'intérêt que lui inspirent des petits-enfans même non encore nés, mais que la nature place dans l'ordre de ses affections.

Ces considérations s'appliquent également à l'oncle.

L'inaliénabilité, qu'on regarde comme un inconvénient, ne peut comme autrefois subsister long-temps, attendu que ce renouvellement perpétuel des substitutions, qui en effet était fréquent dans l'ancien ordre de choses, ne peut plus se reproduire. Pour s'en convaincre, il suffit de considérer que la substitution ne porte que sur la portion disponible, et que cette portion décroissant toujours à mesure qu'on s'éloigne du premier auteur de la substitution, elle se trouve réduite presque à rien lorsqu'on arrive au second degré.

Le C. **Tronchet** dit que ces questions sont conçues d'une manière trop vague.

On a demandé si la substitution aurait lieu au premier degré en ligne directe et en collatérale. De là sortait l'idée que, comme autrefois, le testateur pourrait donner à qui il voudrait et ce qu'il voudrait.

Il a ensuite été expliqué qu'il ne pourra substituer que ses biens disponibles, et seulement dans la ligne et dans la descendance de son premier héritier.

Restaient deux difficultés :

La première, si les enfans à naître pourraient être appelés;

La seconde, si l'aïeul serait obligé de substituer à tous les individus du degré collectivement, ou s'il lui était permis de n'en choisir qu'un d'entre eux.

On a judicieusement observé que si la loi ne s'appliquait pas aux enfans à naître, elle était inutile, puisque l'aïeul trouvait dans le droit établi, le pouvoir d'appeler ses petits-enfans existans. Ainsi, la premiere difficulté disparaît.

A l'égard de la seconde, les réflexions présentées par le Consul *Cambacérés* la font également évanouir. Cependant il est nécessaire que le Conseil statue positivement sur ces deux points, sur-tout avant de décider sur la proposition d'autoriser les substitutions en ligne collatérale.

On ne peut se dissimuler en général que l'Assemblée constituante n'ait eu de justes motifs d'être frappée des inconvéniens des substitutions.

C'en est un sans doute que l'inaliénabilité dont elles frappent les biens ; c'en est un encore que le faux crédit qu'elles peuvent faire obtenir au grevé : mais le plus grave de tous, est l'hypothèque dont elles frappent tous les biens du grevé, comme responsable des dégradations qu'il a pu se permettre.

Le C. RÉAL dit que les substitutions mettent l'amour de sa postérité, c'est-à-dire, l'orgueil, à la place de l'amour paternel : de là l'insouciance pour les enfans, et les procès scandaleux qu'on a vus se multiplier entre des pères et des fils en qui les affections de la nature sont éteintes. Les substitutions mettent aussi les passions à la place de la justice.

Montesquieu avoue qu'elles sont utiles à la noblesse. Les nobles s'en serviront, même aujourd'hui, pour perpétuer entre eux leurs illusions et leur système.

Le PREMIER CONSUL dit que *Montesquieu* a

considéré les substitutions dans leurs rapports avec le droit politique, et que, dans cette discussion, c'est d'après la justice civile qu'il convient de les apprécier.

Il y a une justice civile qui domine le législateur lui-même. Elle se compose des principes que le législateur a constamment avoués pendant une longue suite de siècles.

Elle proscrit les substitutions qui ne profiteraient qu'aux mâles ou aux aînés, parce qu'elle donne un même droit à tous les enfans.

Elle proscrit également les substitutions dans lesquelles le troisième enfant à naître serait appelé avant les autres, parce qu'il serait indigne d'elle de sanctionner les caprices d'un testateur qui fait régler par le hasard les effets de la bienveillance ; mais elle avoue la disposition par laquelle un père laisse ses biens aux enfans que pourra donner à son fils un mariage que ce père a lui-même formé.

Cette justice civile autorise le père à donner à qui lui plaît ses biens disponibles. Il peut avoir de justes motifs d'en priver son fils ; qu'il puisse alors les donner à ses petits-enfans à naître. Sera-ce l'intérêt qu'inspirent les petits-enfans qui devra faire admettre cette disposition ? Non, sans doute : quel intérêt peuvent inspirer des êtres qui n'existent pas ! ce sera la considération qu'ils doivent être préférés à des étrangers. Ceux-ci seraient infailliblement appelés, si l'aïeul, décidé à exclure son fils, ne pouvait donner à ses petits-enfans.

Le C. EMMERY dit que le mot *substitution* jette quelque embarras dans les idées.

On conçoit facilement que le père ayant la libre disposition de ses biens disponibles, peut ne les pas donner à son fils ; qu'à plus forte raison il peut les lui donner, sous la condition d'en réserver la propriété aux petits-enfans nés.

Mais peut-il faire le même avantage aux enfans à naître ?

Ici la question se complique.

Des individus dans le néant ne sont pas capables de recevoir un legs : voilà le principe général.

Quels motifs le législateur peut-il avoir de déroger à ce principe ?

Serait-il déterminé par l'affection qu'il supposerait à

l'aïeul pour ses petits-enfans! mais puisqu'ils ne sont pas connus de l'aïeul, il ne peut les aimer.

Penserait-on que l'affection de l'aïeul pour le père s'étend aux petits-enfans!

Alors, les petits-enfans doivent lui être également chers, et la conséquence de la présomption sera de l'obliger à les comprendre tous dans sa libéralité : on ne peut plus, sans sanctionner un caprice, lui permettre de n'en appeler qu'un seul.

Cependant si le legs doit profiter à toute la postérité du fils, la substitution perd son caractère propre et devient une disposition officieuse, puisqu'elle fait profiter le fils de l'usufruit et réserve à ses enfans la propriété dont elle le prive. Mais cette disposition officieuse est bien moins simple, bien moins bonne, que celle qui avait été adoptée, puisqu'elle ne porte que sur le quart des biens et que l'autre en absorbait la totalité, et par-là devenait plus utile et au fils et à ses enfans.

Il est encore une autre considération : on veut avec raison, et pour être conséquent, étendre à la ligne collatérale la substitution autorisée en ligne directe.

Mais l'oncle va se trouver en état de mieux assurer le sort de ses neveux, que l'aïeul le sort de ses petits-enfans, puisqu'en ligne collatérale la portion disponible sera beaucoup plus considérable qu'en ligne directe.

L'opinant propose d'éviter le mot *substitution*, pour ne donner ni fausses idées, ni fausses espérances, et de rétablir la disposition officieuse, en la restreignant à la portion disponible.

Le PREMIER CONSUL consent à ce que la dénomination soit changée, pourvu que le testateur ne soit pas obligé de motiver. En effet, ce qui a été adopté se rapproche plus de la disposition officieuse que de la substitution.

Mais il faut sur-tout pourvoir à ce que le mécontentement du père ne dépouille pas toute la postérité du fils.

C'est ce qui arriverait infailliblement si la disposition ne pouvait être étendue aux enfans à naître.

L'aïeul mécontent de son fils lui préfère ses petits-enfans. Un seul de ces derniers existe alors : l'aïeul l'appelle, non parce qu'il l'eût préféré à ses frères, mais parce qu'il ne lui est permis de choisir qu'entre ce petit-fils unique et son fils : l'aïeul meurt ; des frères surviennent à l'appelé ; et ces frères, qui eussent été également appelés s'ils eussent vécu lors du testament, se trouvent, contre le vœu du testateur, déshérités sans retour. Il y aurait là une injustice civile.

Le C. TRONCHET dit qu'il est très-important d'éviter, dans la rédaction des lois, de détourner les mots de l'acception que l'usage leur a donnée; c'est dénaturer les idées mêmes. Or, l'on a toujours entendu par *disposition officieuse* une disposition motivée. Ce qu'on propose a toujours été appelé *substitution.*

Ce mot ne peut faire naître de réclamations, si la substitution est réduite à un degré.

L'opinant propose de rédiger la loi sur ce plan.

Déclarer d'abord que la légitime ne peut être grevée.

Consacrer ensuite dans le père le droit de disposer de ses biens disponibles au profit de ses petits-enfans à naître au premier degré.

Accorder la même faculté à l'oncle par rapport à ses petits-neveux aussi au premier degré.

Terminer la loi par la prohibition de substituer dans aucun autre cas.

La proposition du C. *Tronchet* est renvoyée à la section.

L'article V est soumis à la discussion et adopté.

Le chapitre Ier est ainsi conçu :

De la Capacité de disposer ou de recevoir par Donation entre-vifs ou par Testament.

Art. VI. « Pour faire une donation entre-vifs ou un » testament, il faut être sain d'esprit.

» Ces actes ne pourront être attaqués pour cause de » démence, que dans les cas et de la manière prescrits » par l'article XVII du titre *de la Majorité et de l'In-* » *terdiction.*

Art. VII. » La capacité de disposer et de recevoir, » soit par donation entre-vifs, soit par testament, appar- » tient à tous ceux auxquels la loi ne l'interdit pas.

Art. VIII. » Le mineur non émancipé ne pourra » aucunement disposer.

Art. IX. » Le mineur émancipé ne pourra disposer » que par testament.

Art. X. » La femme mariée ne pourra donner entre- » vifs sans l'assistance ou le consentement spécial de son » mari, ou sans y être autorisée par le juge.

» Elle n'aura besoin ni du consentement du mari, ni
» d'autorisation du juge, pour disposer par testament.

Art. XI. Pour être capable de recevoir entre-vifs, il
» faut être conçu au moment de la donation.

» Pour être capable de recevoir par testament, il
» faut être conçu à l'époque du décès du donateur.

Art. XII. Le mineur émancipé ne pourra, même
» par testament, disposer au profit de son tuteur.

» Le majeur ne pourra disposer, soit par donation
» entre-vifs, soit par testament, au profit de celui qui a
» été son tuteur, si le compte définitif de la tutelle
» n'a été préalablement rendu et apuré.

» Sont exceptés, dans les deux cas ci-dessus, les
» tuteurs naturels et légitimes.

Art. XIII. » Les enfans naturels, même légalement
» reconnus, ne pourront, par donation entre-vifs ou
» par testament, rien recevoir au-delà de ce qui leur
» est accordé au titre *des Successions.*

Art. XIV. » Le malade, dans le cours de la maladie
» dont il décède, ne pourra donner à l'officier de
» santé qui le traite, ni au ministre du culte qui l'assiste.

Art. XV. » Les dispositions entre-vifs ou par tes-
» tament, au profit des hospices, des pauvres d'une
» commune, ou d'établissemens d'utilité publique,
» n'auront leur effet qu'autant qu'elles seront approuvées
» par un arrêté du Gouvernement.

Art. XVI. » Toute donation entre-vifs, déguisée
» sous la forme d'un contrat onéreux, ou faite sous
» le nom de personnes interposées, au profit de celui
» qui est incapable de recevoir, sera nulle.

» Sont réputées personnes interposées, les pères et
» mères, les enfans et descendans, et l'epoux de la
» personne incapable.

Art. XVI. » On ne peut disposer au profit d'un
» étranger, que dans le cas où cet étranger pourrait dis-
» poser au profit d'un Français. »

L'article VI, premier du chapitre, est discuté.

Le CONSUL CAMBACÉRÉS pense que la seconde
partie de cet article présente une disposition trop absolue.

Le C. TRONCHET ajoute que d'ailleurs l'article XVII
du titre *de l'Interdiction*, auquel on renvoie, est trop res-
treint. Il n'admet les familles à faire valoir les causes
de démence que lorsque l'interdiction a été provoquée

du vivant de l'auteur des actes attaqués ; mais la famille, espérant le rétablissement d'un parent en démence, diffère souvent, par cet espoir, de poursuivre son interdiction.

Le Consul Cambacérés dit que la première partie de l'article pourvoit à tout. La démence est un fait, et la loi en détermine les preuves.

La seconde partie de l'article aurait les inconvéniens dont a parlé le C. *Tronchet ;* et en outre, étant défavorable aux héritiers, elle contrarierait l'esprit général de la législation, qui tend à les favoriser.

Le C. Muraire craint, si la seconde partie de l'article est supprimée, que les tribunaux ne regardent l'article XVIII du titre *de l'Interdiction* comme une règle absolue et dont il ne leur soit pas permis de s'écarter, même en matière de donations ou de testamens.

Le C. Tronchet dit que la faveur due aux héritiers ne doit pas aller cependant jusqu'à faire admettre trop légèrement leurs réclamations. On peut toujours leur reprocher un peu d'indifférence pour les intérêts de leur parent, lorsqu'ils n'ont pas provoqué son interdiction. Ainsi quant après sa mort ils excipaient de sa démence, on leur répondait : *Serò accusas mores quas probasti.* Il conviendrait donc de ne les écouter que quand il y aurait sur le fait de la démence un commencement de preuve par écrit qui pourrait au surplus être pris d'ailleurs que de l'acte attaqué. Ceci conduirait à réformer l'article XVII du titre *de l'Interdiction.*

Le Consul Cambacérés pense qu'il faut donner une grande latitude à la preuve, et ne pas la restreindre par des conditions qui quelquefois excluent l'évidence. Un individu peut avoir conservé sa raison jusqu'à une époque très-voisine de la donation ou du testament ; et alors il devient impossible de prouver la démence, si elle ne peut l'être que par le mode indiqué par le C. *Tronchet.* La première partie de l'article contient une règle simple qui suffit ; le reste doit être abandonné aux tribunaux.

Le C. Tronchet dit qu'il n'y a pas de danger à s'en tenir à la première partie de l'article à l'égard d'un donateur, parce que, survivant à la donation, sa démence peut être vérifiée ; mais que si l'on admettait toutes sortes de preuves contre un testateur qui n'est plus, le sort du testament dépendrait du témoignage très-incertain d'une garde ou de quelques domestiques.

Le C. EMMERY dit que l'article XVII du titre *de l'Interdiction* ne concerne ni les donations ni les testamens.

La première partie de l'article est adoptée; la seconde ajournée jusqu'après un nouvel examen de l'art. XVII du titre *de l'Interdiction*.

L'article VII est adopté.

Les articles VIII et IX sont discutés.

Le CONSUL CAMBACÉRÉS voudrait que, même après son émancipation, le mineur ne pût disposer entre-vifs; mais que la faculté de tester dépendît de l'âge et non de l'émancipation, attendu que le système contraire donnerait à la famille intérêt à ne pas émanciper le mineur.

Le C. TRONCHET partage cette opinion. La Coutume de Paris admettait la distinction que vient de proposer le Consul.

Les donations ne doivent pas être permises au mineur, parce qu'elles le dépouillent sans retour, et il convient aussi de limiter en lui la faculté de tester.

Le C. BERLIER dit qu'il ne veut pas précisément combattre la proposition de déterminer la capacité du mineur à tester, plutôt par l'âge de seize ans que par la condition d'être émancipé; mais qu'il y a cependant quelques observations a faire à ce sujet.

La Coutume de Paris, qui a été citée, n'était pas la seule qui admît le mineur à tester à un âge moins avancé que celui que l'émancipation exigerait souvent; d'autres coutumes, notamment celle de la ci-devant Bourgogne, étaient plus libérales encore envers les mineurs que celle de Paris, puisqu'ils y étaient admis à tester à la simple puberté, c'est-à-dire, les filles à douze ans, et les garçons à quatorze : ce qui était, au surplus, conforme au droit romain.

Mais si l'on fixe la capacité de tester à l'âge de seize ans, il sera difficile de ne pas modifier cette règle selon la qualité des mineurs: ainsi, les uns n'ayant ni père ni mère, pourront tester sans l'autorisation de personne, et ceux qui auront père ou mère ne le pourront sans doute qu'avec l'autorisation de ceux-ci; car si dans le droit romain le pubère pouvait tester, cette règle était modifiée par rapport au fils de famille, qui ne pouvait disposer que de son pécule ; et bien que tout ce qui touche à la puissance paternelle des Romains ait été peu imité dans notre Code, et avec grande raison sur beaucoup de points, il est possible qu'on en emprunte quelque chose dans le cas que nous traitons, et que, faute d'émancipation, on exige au moins une autorisation spéciale.

Si l'on doit en venir là, continue le C. *Berlier*, n'est-il pas plus simple de partir du principe de l'émancipation, qui embrassera les mineurs de toute espèce, et ne blessera l'autorité de personne.

Au surplus, quand on s'occupe d'une législation nouvelle, il faut sur-tout se déterminer par la raison plus que par les exemples ; et la raison ne refuse-t-elle pas le droit de disposer de son bien, même par testament, à celui qui n'est pas encore jugé capable de le régir !

Cette considération est celle qui touche l'opinant de la manière la plus forte, et qui lui fait desirer que si les articles sont renvoyés à la section, selon la proposition qui en a été faite, ce soit sans rien préjuger sur la question, mais pour mettre à même de l'approfondir.

Les articles sont renvoyés à la section.

Les articles X, XI, XII, XIII, XIV, XV, XVI et XVII sont adoptés.

La Séance est levée.

À PARIS, DE L'IMPRIMERIE DE LA RÉPUBLIQUE.

13 Ventôse an XI.

9 782329 411620